lisi schuur

pourqoui pas

gedichte

zwischen

"einst und nie, das es nicht gibt"

ist

heute

leise hände spüren nach
wellen gleiten sanft zurück
himmelblicke rote sterne
sinken auf die augenlider
meine sehnsucht breitet langsam
neue zarte schleier aus

zwischen einst und danach
liebe ich dich

für Eike

1
treiben im echo der zeit

zaubermächtiges
blinzel blicke
die farben der welt

danach
denke ich nicht
weil ich
es
nicht zu denken
weiß

nächtliches

eines nachts als alle wolken schwebten
robinien den silberregen tanzten
da fühlte ich mich so verzaubert
als säße ich in ihrem blätterdach
inmitten duftender rosen
es lagen harfenklänge zwischen dornen
an jungen zweigen weiße blütentrauben
es war ein freudenhimmel über mir

küsse für zärtliche flügelschläge
atemlose tänze des windes
eine lust die sprache zu wissen
die man in vollen nächten spricht
im saft der bäume treiben gedanken
gefiederte blätter recken sich selig
riechen nachts ganz anders grün

eine unauffällige winternacht

neuschnee unter dem eisigen wind
auf steinen die man gestapelt hat
angst vor dem fluss vor dem ersaufen
vor augen wie sie überlaufen nachts
wenn kälte kriecht an häuserwänden
die fenster nicht mehr blenden ohne sonne

die gläser sind beschlagen lauter atem
hängt an ihnen schatten die sich trafen
hinter den gardinen wo der abstand
kleiner wird bis zur undurchsichtigkeit
nicht weit wenn man vergisst zu sichern
die spuren der erinnerung

in wassern die nach eisen schmecken
zu lange lag es auf geländern
die nicht mehr wissen wen sie sichern sollen
dahinter eingesackte gräber
mit kreuzen die die dauer von sich warfen
die balken mit dem weggerutschten leichnam

zerrüttet liegt der frieden unter flechten
die alten bäume sind daran schon fast erstickt
sie stehen vor der kirche herzenskrank und hören
glocken die vergaßen wem sie läuten
meteoriten fallen wie ein schlaganfall in worte
deuten kann sie niemand mehr

verloren

augen
sehen an mir vorbei
die netze vergebens
aufgespannt
blicke zu fangen
der zweifel hat
sich eingeschlichen
treibt pupillen
in die leere

noch ist es herbst

es scharren flinke vögelchen
im laub das auf dem boden dümpelt
scheinen insekten sich versteckt
zerspantes holz vom bunten specht
auf moosbedeckten großen steinen
die viele jahre unverrückt
eng beieinander schlafen
es scharren kleine flinke füße
die tief in gummistiefeln stecken
geheime schätze zu entdecken
im laub das auf dem boden flüstert
liegt heut ein kinderwangenrot
wie eingenistet in der sonne
glitzern kastanien ohne stacheln
in braunen aufgeplatzten schalen
die nuss daneben warf die elster
als sie die höhle untersuchte
die sich der specht im baum gemeißelt
flanieren stolze eichelhäher
im farbenprächtigen gefieder
sie schwätzen munter miteinander
rauben eicheln ohne becher
dass sie den winter überstehen
derweilen krächzt die krähenschar
hoch in der luft
ein leichter duft von marzipan
der wind hat sich schon umgedreht
er bläst der wolke ins gesicht
die dunkel ist und überlegt
ob sie den regen halten soll

der lieber schneien will
weil flocken so schön tanzen
die kleinen vögelchen sind fort
sie hocken in den kahlen hecken
die gummistiefel stehn im haus
den nikolaus erwarten sie

du siehst
den kahlen baum
das laub zu seinen füßen
bunter denn je
die erinnerungen
zwischen buchseiten
bügeln sich ahornblätter
die falten aus dem gesicht

unter dem felsenspalt

vorhänge aus stein
so zart gehaucht
gesinterte gardinen
in tropfsteinhöhlen
wo stalaktiten
stalagmiten küssen
es müssen wunder sein
kristalle glänzen
klares wasser schöner
in höhlen die sich weit
in berge ziehen
tagpfauenaugen
fliehen vor der kälte
beleben grottenwände
mit korallenbildern
uralten höhlenbärenknochen
aus der grube
die wie eine märchenstube prächtig
lugen wasserfledermäuse
dann und wann
das tageslicht
kurz einzutauschen
gegen die mitternacht

als wollten sie das vergessen verhindern
mosaiksteinchen an alten wänden
in kunstvollen mustern schlummern geschichten
bibliothek der vergangenen zeit

draußen verschleiern sich die konturen
knorrige bäume buchstabenlos
meilensteine die zahlen tragen
schweigsame straßen monotonie

steht der runenstein von rök
den sein meister einst chiffrierte
seine magik zu beweisen
unenträtselt seine botschaft

wenn nur schwaches licht einfällt
schwarzgetünchte augenblicke
die den hintergrund verkennen
spielende chamäleons

als ich über die brücke ging
das blaue wasser unter mir
da dachte ich es wäre schön
mit ihm dahin zu treiben

so zärtlich weilst du mir im herz
die wellen schreiben in den zeilen
der schönen alten weidenverse
das stroh am ufer bernsteinblickig

es brechen die gedanken auf
sich einen unterschlupf zu suchen
in silbrig angehauchten disteln
mit ihren dornenblättern

entlang des ufers gehe ich
das windrad dreht sich nicht im wind
steht flügellahm auf einem feld
sucht neue energien

nirgends ein zwitschern in der luft
es schweigen sich die vögel aus
dass ich das lied verstehen kann
das kieselsteine singen

am brückenpfeiler hat der mond
sein boot vertäut
das tauverperlte ufergras
fängt sternenblicke auf

herbstgedanken

der wind
er flüstert irgendwas
schwebt über mir
nur kurze zeit
dann dreht er sich

vergebens suchte ich
im märchenland der nacht
die großen worte
bis mich die zeit umarmte
sind lauter spuren
in ihrem netz

dass sie der regen
nicht verwaschen hat
die kälte nicht zerfroren
die liebe voller zuversicht
auch wenn sie wortlos scheint

bin wie ein blatt
verloren unter einem baum
der seine blätter fortgeschickt
zu fühlen
wie es später ist

der wind
frisch auf
als ob er mich versteht
dreht sich erneut
in meine richtung

beginnt ein buntes treiben

im regen

der himmel ist eine wolke in grau
zu schwer ihr geheimnis zu tragen
tausend aufgeschnürte fragen
hängen lauernd in der luft

höher gewachsene seerosenblätter
fangen regenwasser auf
bergen es wie einen schatz
den es zu bewahren gilt

das morgen geht an ihm vorbei
dem alten baum der längst gestorben
so lange schon
fehlt ihm die kraft

es ist als hätte sich die zeit verlaufen
und zöge einen ackergaul
durch städte ohne felder
die saat zu unterpflügen

wo nur beton und teer
die leere unausweichlich machen
stehn häuser da in reih und glied
und legen menschen fesseln an

die sie nicht aufzubrechen wissen
die dicken mauern
deren putz zerbröckelt liegt
vor automatisch schließenden türen

das blatt im teich verschenkt den schatz
durch seine kerbe tropft er sich
und weicht gedanken in sich auf
die unentrinnbar scheinen

die leere ist so voll von dir
als öffnete das dunkle meer den schlund und
alle berge stürzten ein und ihr geröll in meinem mund und
trotzig wie die letzten stürme vor dem winter
schlägt sich die angst in schwarze wolken um
es prasseln hagelschauer auf mich nieder
bis in der ferne blitze sind und raubtierpranken sich den himmel greifen
ein alter wolf streicht durch die nacht und ein geheul in meiner seele

das meer wird grenzenlos
schmettert sein wasser auf weißen dünensand und
schiffe gleiten wie von selbst darüber
der deich hilflos geworden
als wisse er nicht seinen schutz
ganz ohne rückzugsort das kleine schaf
mit eingeknickten beinen

in der ferne führen wege durch die wälder
darinnen spinnennetze silberfäden ziehen
in grauer luft verblasst ihr glanz
ein leichter nebel senkt sich still
zu verhüllen alle bäume
feuchtet letzten feuertanz der blätter
den farn mit seinem aufgerollten leben

der horizont verlagert sich
die wolken jagen in die enge und stürzen sich hinab
der himmel reißt sich auf
das meer hat seine freiheit abgegeben
zerschlagen liegen alle dämme
in einer großen traurigkeit
zerfließen wellenkämme

sind tage
da bin ich ein sommerhimmel
der sein versprechen
nicht halten kann
mit weißen wolken
die federn verteilen
ehe sie untiere werden

sind tage
da stimmen mich lieder um
die wie ein spielender wind
die lüfte betändeln
im leichten crescendo
bis ihr da capo vorsätze bricht
mich im sturm versenkt

sind tage
da zieh ich mir fröhlichkeit an
die klagen des meeres
nicht mehr zu hören
die schwermut der steine
die wirren gedanken in meinem kopf
zu ertragen

in der stille des regenbogens
übersteigt der flusswind
dampfende steine
unter letzten gewitterwolken

libellenflügel
pendelt der harmonograph
auf weißes papier
bebilderte töne

die magie der alten steine
verlaufenes holz
im flussbett
eine unverankerte boje

das nahe zur festsetzung

der himmel trägt heute
skulpturen geschlossener sätze
an den rändern erste bewegungen
mein blick fällt auf steine im moos
ein lied tastet nach meinem herzen
alles nahe noch näher zu spüren
langsam enthüllt sich der tag
stimmt instrumente sie zu bespielen
maskenlos liegen akkorde
die zukunft spielt sich vernehmlich
nicht ohne dämmungspedal

ein klangkosmos schafft neue räume
in alten büchern hat die zeit
sich ihre namen zugedacht
draußen stehen die wolken still
derweil der drachen weiter treibt
einen wald zu überschweigen
seit wann ist wohl new york so blau
frage ich die malerei
wilde träume richtungslos
steigen auf in lichterbögen
spiegeln sich auf fremden plätzen
ohne van goghs sternennacht
keine rhone taucht die welt
in geheimnisvolles wasser
so versunken scheint der liebste
auf dem bild das ich so mag
wie ein ball der sich geworfen
liegt er ohne rückholfaden
mitten im gedankenmeer
maulwürfe im hohen gras
warten auf gelegenheiten
öffentlich sich zu erklären

ich weiß um die kahlheit der bäume
im frühling die sterne viel schräger
weil nachts der vollmond funkelt
als hätte er nachholbedarf
ich weiß um versteckte gefühle
gebröckelte steine der mauer
die trauer später gedanken
wenn sie zu schmerzhaft sind
weiß um das sprießende schilf
mit seinem kleinen geheimnis
der traum mit dem wissenden blick
taucht mein herz in tieferes rot

nur ein paar stunden vom tag

allmählich vertreibt sich die nacht
dunkle schatten hellen sich auf
langsam nimmt sich der mond zurück
kein brechen der zweige
der schnee ist geschmolzen
schlafgedichte auf deiner haut
wimpernschlagleise blinzelt der morgen
atmet sich sanft in den tag

kaugummi klebt auf dem kopfsteinpflaster
von wandelnden tauben unbeachtet
ein alter mann spricht mit sich selbst
leichtfüßig springen kleine kinder
in hinkekästchen aus kreidestrichen
sind zarte wirbel gewittersprünge
wissen gedanken im trockenen lehm
den sommer mitten im winter zu lesen

gegen den unerwarteten tag
trägt ein gedicht
keine reime ins gras
es setzt sich einfach
neben mich und
schaut erwartungsvoll

verstohlen wende ich den kopf
näher die schöne gestalt zu sehen
es neigt sich zu mir ein gewisper
ein lächeln zartes helles geflüster
mir ist so wohlig
in duftenden blumen

es nickt die liebliche akelei
dem einsamen adler hoch oben am himmel
ein bild in den kopf
ihr gift nicht zu sehen
da vergißt er das spähen
hat seine augen nur für sie

der tag der filme produziert
steckt träume in bonbonpapier
hält mir die sammelbüchse hin
in sich zu investieren
schreibt büchern seinen namen auf
ihn niemals zu vergessen

müde vom denken
verfehlter gedanken
es ist als sei nichts
zu ende gedacht
alles bleibt fraglich
wie grenzen
die sich nicht öffnen können
weil man dahinter
die freiheit nicht sieht

geblätterte seiten

sind die stunden
tiefgeblickt
schreibt sich
schweres
in die
zeilen
stürzt die seele
in ein durcheinander

sind die stunden
voller licht
schreiben
frühlingsmelodien
liegen tage
pralles leben
leicht bekleidet
in der sonne

sind die stunden
meiner träume
malen inseln
in die meere
zeigen wege
in den himmel
der ist schwarz
und voller sterne

den unsichtbaren himmel sehen
die uhr lesen
ohne stundenschlag
wissen
dass nichts vergeht
was zur erinnerung wurde

ist früher morgen
sind spuren in der luft
als sei der himmel
eine geisterbahn
aus wolken
die kurz zuvor
ein drache
ausgespuckt
ich lese fantasy
wenn mir der wind
das einhorn vor die augen treibt
bin blind genug
den physiologus
für wahr zu halten
such den karfunkelstein
der mir so viel verspricht
den sechsten teppich
finde ich
mich darin einzuhüllen

tag für tag

auf den hügeln stehe ich
weiter südlich liegen buchten
aus den schluchten zwischen riffen
steigt die sonne aus dem wasser
wie ein kreislauf jeder tag
den ich neu erfahren werde
all mein denken geht den weg
den ich vorgezeichnet hab
vieles stellt sich in die quere
unbesiegbare gefühle
die mich täglich überprüfen
bin nicht unerschütterlich
doch ich weiß mir zu vertrauen
dass ich meine flügel hebe
um zu fliegen wenn ich will

ein schwelgen

ein paar gelbe blättchen liegen
kurvensüchtig abgefallen
dass der weiße schmetterling
sich zitronen denkt
neues grün schenkt sich dem flieder
dessen blüten lieder singen
eingestreutes weißes lila
macht dem bux ein andres bild
grüngelichtert blüht das moos
weicher liegen sonnenschlangen
lange silberfäden fangen
sich holunderblüten ein
duftend wiegen sich die dolden
wie die blicke voller monde
liebe legt sich wipfelleicht
zwischen flüsterzarte küsse
singen vögel zwitscherstimmig
tauschen zärtlichkeiten aus
legen bäume sich in sterne
sehen aus wie scherenschnitte
die der himmel dekoriert
so empfindlich wie mimosen
legen wundervolle rosen
zarte blütenblätterspuren
uhren wissen sommerzeit
die erzählt von streichelwinden
wie sie pusteblumen wecken
ihre reise anzutreten
leise schirmchenbahnen ziehen
schreiben weiße kettenbriefe
unter ihnen löwenzahn
wie er sonnenleuchtet

wie der mond über den thujen

ich bin die malerei
auf schwarzem grund
die hier und da
in gold und silber
jubiliert
ein ziseliertes stück metall
wie eine uhr
die klar lackiert
die zeit ganz schnörkellos
vertreibt
die bleibt
ganz ohne stillzustehen
ich geh beständig weiter
wie sanft die zeit verrinnt
wenn sie beginnt
allmählich
abzulaufen
wie der mond über den thujen
der sich langsam davonstiehlt
den neuen kalender
kennenzulernen
es liegen steine unbehauen
die noch kein datum tragen

ultimo

nicht in arkadien
stehen sie
als die zeit weiterzieht
im erkalteten garten
ein vogel im frühling
während hortensien
noch herbst
pendeln angefasste herzen
zwischen sendung und empfang
in nebengeschichten
verborgene grasharfen
aber dann ist schon sommer

die sinfonie der steine und
der seemann auf dem wasser
***
deine reise zu den meeren der welt
zu den sternen des himmels
der wind der schneenacht
kein verweilen der träume
sie schmelzen dahin
wie die tanzenden flocken
nur kurzzeitig sichtbar
die spuren der vögel
weiße seiten des buches
von gedanken überschrieben
verstreut in der welt
geborgene noten
aus quellen der freude
das leid das sich klagt
sind lieder die niemals versiegen
es braucht geduld den schlüssel zu finden
sätze die sich zusammenfügen
sind nicht immer ein quodlibet
kompositionen formen collagen
unterschiedlichster elemente
***
im echo der zeit sinfonien der steine
wie der seemann setzen sie anker

2
ein strauß verwehtes

an den kleinen vogel

wer bist du kleiner vogel
singst deine lieder in den morgen
verwundert lauscht der alte baum
der wind summt fröhlich mit
es wird ein schöner tag

ich hör euch zu und bin vergnügt
libellen schillern in der sonne
als seien sie aus feinstem glas
die kleine dort in ihrem blau
ist sie ein himmelsspiegel

wer bist du kleiner vogel
vorhin hab ich dein kleid gesehn
ein zartes leichtgefieder
die kleine brust wie wunderschön
aus deiner kehle sommerlieder

du bist den weg entlang gehüpft
ich konnte deine augen sehen
wie sie den kleinen wurm fixierten
nur wenig hab ich mich bewegt
das reichte dir um fortzufliegen

wer bist du kleiner vogel
ich wüsste gerne deinen namen
ob du vielleicht ein nest gebaut
und hat der mond vergangne nacht
dich so geküsst wie mich?

sonntagsverwirrung

ein kreis. der sich nicht schließen kann.
die elster fuhrwerkt.
mit ihrem schnabel im vogelhaus.
dass das futter aus den öffnungen stiebt.
der kleine junge mit dem fehlenden milchzahn.
hebt einen sonnenblumenkern auf.
steckt ihn sich in die zahnlücke. macht ein wichtiges gesicht.
ich denke an opa. der einen goldzahn hatte.
befühle mit der zunge meine zähne von hinten. von vorne.
schmecke nicht vorhandene sonnenblumenkerne.
werfe blicke in den garten. beginne zu kauen.
es ist immer dasselbe. denke ich.
und spucke die schale auf den boden.
finde sie später nicht wieder.
denke an das lied mit den vier mietegästen.
bedaure die fehlende buche.
dabei schmecke ich sie deutlich.
füllt sich doch mein mund mit ihren eckern.
der witz des kleinen jungen.
„wo treffen sich die wände? in der ecke."
lacht. dass ihm der sonnenblumenkern rausfällt.
das könnte dem gold auch passieren.
dass es fällt.
sein unbeständiger wert.
die kluge elster.
überlegt sich beutezüge.
verwirrt betaste ich meinen finger.
es fehlt der ring.
obwohl ich ihn fühle.
nur der abdruck.
ist sichtbar.

doch das fällt niemand auf.
weil er zu blass ist.
wegen der wenigen sonne.
die ihn beschien.
könnte sein.
die elster.
auf dem boden beringte verendete tauben.
zwischen den schalen der sonnenblumenkerne
ein zettel.
aus einem pfandhaus.
die wände verabschieden sich.
mich hindurchzulassen.
dass der kreis sich schließen kann.

die sonne spielt
mit den farben der welt
die nacht schreibt sie
in die sterne

kalt wie glas
bricht sich die luft
raureifblumen
an den fenstern
nebellastig starr
die kiefer
in dem stummen
nadelwald
keine sterne
sind zu sehen
nirgends sprühen
lichterbogen

in die augen
kriecht die kälte
wimpern tragen
perlenkränze
über steine
treibt der wind
den geruch
des nahen winters
legt ihn
in die weite stille
dass gedanken
finden zeit

wenn die sonne
den tag
zu ende bringt
geben sterne
dem himmel
ein andres gesicht
dass die träume
des tages
sich in der nacht
nicht aus den augen
verlieren

sterben
ohne zu wissen
was danach sein wird
ein schatten
ohne nuancen
blickdicht geblieben
ein leben lang

mit offenen augen
werde ich sterben
bis jemand kommt
sie mir zu schließen
als wolle er nicht
dass ich sehe
was ist

der judasbaum

das obere blattwerk
zu dicht
für den abendhimmel
der mit seinem licht
die chunks auf der
rinde des stammes erhellt
dass sich erklärt
das leben

der mond spielt verstecken im judasbaum
er schimmert mir sein licht durch zweige
die nur durch ihn sich träumend zeigen
und dann und wann scheint er mir fast entschwunden
die lange wolkenbank schiebt ihm ihr dunkel vors gesicht
als hätte sie sich vorgenommen
uns beide aus dem gleichgewicht zu bringen

zwischen dem laub
reift die hoffnung
in grünen hülsen
später liegt sie
verstreut
auf
gefallenen blättern

kiefernzapfen auf dem boden und
der wind nimmt neuen anlauf
bläst mir tränen ins gesicht
nicht vergessen werde ich
jene fahrt ans dunkle meer
die wir uns so sehr gewünscht
voller sterne war der himmel
eine sichel schien der mond und
der leuchtturm in der ferne
sandte seinen lichterbogen
ohne wogen lag das wasser
so als ob es schlafen wolle
raunte es statt laut zu toben und
der große wagen wies
uns den weg zum himmelspol
dort verlaufen stundenkreise
der polarstern der uns ansah
unverbrüchlich seine treue
führt durchs himmelslabyrinth
jeden der verloren scheint
dass die richtung wieder stimmt

ein zittern im alten goldblasenbaum
darin rot-blinde bienen
von gelben blüten naschen
taschen voller sommer
die blätter haben sich untergeordnet
als ahnten sie den nahenden herbst
wehmütig staunend
ob dieser pracht
über ihnen

die zitternden wipfel der birken
vor untergehender sonne
meine augen schwanken
durchschwimmen wolken
suchen vergeblich
die brücken der abendsterne
in den mittelpunkt zu stellen
eine stimmung
zu wiederholen
die verwehte
wie das echo
hinter den fernen blättern
die berührten fantasien
der erinnerungen
deine hand in meiner hand
brechende finger
kaum hörbare töne
dein samen in meinem herzen
verkümmerte keime
keine tränenflut
zur rettung
ohne kapitän
unmanövrierbar
wie ein gesunkenes schiff
liegt das gestrandete ich

den himmel konnten wir nicht mitnehmen
es wartete ein anderer
grau wie die straße
die uns seit stunden führte
wehmütig
gedanken wollen nicht aufhören
wo ist meine heimat
dieses wort
begreifen
ich schaffe es nicht
mir fallen erklärungen dazu ein
sie sagen mir nichts
ich bin mir selbst heimat
oder heimatlos
unwichtig es herauszufinden
wichtig dagegen
ein zuhause zu haben
dort angekommen zu sein
das vertraute spüren
das wohlfühlen
wahrzunehmen
zu wissen
dass es das meer gibt
dahinter

verraten

der baum dem erst blüten wachsen
später die gerundeten blätter
die den winter im teich
in mondnächten verbringen
wenn der sommer schweigt
das grüne zwischen spinnfäden hängt
und nach erinnerung ruft
dieses wispern in dornen
meine ungelenken hände
in anweisungen denken
wenn die meisen die knödel noch
rotkehlchen im schnee
aber schon etwas blattwerk
im johanniskraut
ob die schwelgenden knospen der magnolie
schon schwalben kennen
würde ich gerne wissen

die silbernen strahlen
über dem herzschlag
des alten flusses
bis zum mond
der sich zugeknöpft zeigt
über den gärten der nahen stadt
die allmählich ahnen
welche farbe ihnen der frühling
bescheren wird
vor dem offenen fenster
baden meine augen
in schimmernden wellen
so leicht dahingeweht
als wären sie ohne jeden halt
derweil die undurchsichtige welt
sich tiefer verdichtet
unergründlich liegen
ihre kartografien
während das unbetretbare leben
mich staunen lässt
verzieren sehnsüchtige lieder die luft
mit flimmernden liebesperlen

im unbewegten licht
ein übriggebliebener mond
der regen schlägt nägel
in quellendes holz
der hals mir verengt
bis in die lunge
kein freies atmen
der schatten ist groß
kein strahlenkranz
für flüchtige vögel
keine kirche mit fresken
in hohen gewölben
sind bäume
durch die sich
der himmel schiebt
wie angewurzelt
stehen wolken
ehe sie treiben
zügellos frei

20|11

nicht nur geradeaus
ist auch noch
die seitenstraße
kreuzungen mit
rotlichtarmeen
mich zu dressieren
grün
tragen tauben
mir ein bild in den kopf

30|12

ein strauß verwehtes
zerbrechliche
wolken in gebirgsmulden
kleine inseln
zum zurückschwimmen
wenn wellen sachter
geworden
neue sterne
kreisen um sich selbst
in nichts sich ähnlich
als hätten sie
keine verwandten
inmitten der stillen landschaft
singt sich ein lied

unter dem mond

so bin ich die geworden
die unter dem gelächter weint
ist leichter schnee
der saugt den lärm
der straßen auf
dass man die worte hört
die mir der mond ganz
stimmlos spricht
ein lotse
der kein brennglas braucht
nicht zündelt wie die sonne
so möcht ich bleiben
unter seiner führung
inmitten fremder sterne
unermesslich
sehnsuchtsvoll

bin wie der frühling
den du denkst
im welken laub
steh ich
ein unbewohnter baum
der seine liebe
hinterlassen hat
in nackten Ästen
dass sonne dich
durchdringen kann
wenn du
von mir ein bild
dir machst
in einer kalten zeit

da waren neue sterne

entlang des dritten abteils
zärtlichkeitswinken
hände zwischen
scheibenschranken
berühren
sich
augenversenkt
formen sich lippen
kirschküsse

lila blüht der august

morgens steigen ins
flüssige blau
über hochspannungsmasten
tänzelt der tau
in pfeilblauer luft
fliegen schwalben
dem tag entgegen
versprenkeltes gelb
weckt das silbrige laub
unter birkenwipfeln
blüht heide so laut und
lilablau schaut sie mich an
verschwenderischer
reicher duft
sind überall
leuchtende felder

sonnig zu werden

ganz verdreht
grauweißes geschöpfchen
versucht sich
in vogelliedern von tra nach tri
so hell
mit dem tüpfelchen
sich von oben
darauf zu setzen
federleicht
zwitschelt
und zitschelt es
noch heller
als trillern

offen

abendliches
verschwinden
bunten sonnenlichtes
zieht neonleuchtreklamen
hinter sich her
dein warten mit blick nach oben
open
steht da
ehe du fragen kannst

im regen

hab dem stillen garten
die luft verschlossen
ich möchte
keinen erdbeerduft
will lieber
in den regen schauen
dem schicksal
goldene brücken bauen
die richtige seite
zu finden
der mund
gefüllt mit schweigen
wird flüssig
dass es mir entrinnt
der regen nimmt es sich
in seine spuren
war nur vorübergehend
ein besuch
der träume wachsen ließ
es hing ein lampion
am himmel voller licht
ich wusste nicht
wie ich ihn denken sollte
es konnte nicht die sonne sein
zu klein
mein horizont

es war ein vogelschwarm
der in die wolken flog

den regen zu benoten

libelle

und dann landete sie und
mein auge versilberte sich
mit ihrem leib
wie verliebte
legten wir sachte uns
auf ein schilfblatt
unser vibrieren
wie es sich zittert
ist zittriges beben
wie perlmutt schillert
perlt es in uns
so zart
ein glissando
aus licht in
flügeln so leicht
wie die liebe
so tonhöhenwankend
zärtlicher ausgleich
flatterhaft schön

drüben gibt ein baum sich auf
seine trauer trägt der wind
in die nacht ohne schlaf
durch die trübgewordnen scheiben
will der blick ins uferlose
sieht ein glas
das einfach brach
weil es sich
nicht biegen konnte
kreisen pausenlos gedanken
steht der anfang vor dem ende
ewigkeit ist wie ein traum
der nicht anzufangen weiß

irgendwann
ist der abschied
wie eine düne
die anfängt
zu singen
geben wir nach

abschied

die stille hört zu
sie wird dir erzählen
wie leise es war
im tiefsten dunkel
als ich mit meinem blut
den letzten brief
dir schrieb
dass du mich nicht
verlassen musst
bin ich vor dir
gegangen
den schlüssel
der zu mir gehört
hab ich vor deine tür gelegt
dass du mich zu erinnern weißt

irgendwann
liege ich
in meinem schatten
dass er mich
mitnimmt
wenn er vergeht

3
ich liebe dich

über uns
der blütenmond
am himmel
der sprechenden sterne
darunter
lautlose olivenbäume
während schatten
uns narren
kriecht
das glück
in unsere körper

ich denke an dich

du
küsst mich
zum trost
sehr durcheinander
zärtlich
schweigen
wir den
abschied
in deinen augen
liegt die moldau
jung
gezählt in tagen
nicht in jahren
behält für sich
was sich nicht flüstern lässt
die bäume
tragen liebesgedichte
in ihren kronen
blinzelblicke
sonnengestrahltes
kristallgefunkel
sehr ineinander
darunter
wir

wenn der mond sich
zwischen sternbildern der liebe
langsam rundet
denke ich an sommerwolken
in der toscana
spüre im haar
den zitternden wind
deine arme
fühle ich
die zärtlich
mich umfangen

mein liebster
der wie
die sonne ist
das licht
hinterm mond
das sich bricht
auf basalt
den mondjura schmückt
mit goldenem henkel
beleuchtet planeten
sie zu erkennen
legt sich auf ränder
quellender wolken
hoffnungsschimmer
in allem grau
dass meine seele
unbeschwert
sich füllen kann
mit liebe

21|10

er ging in den regen
den mond zu sehen
es drangen töne
durch kalte luft
bestürzt sah er
die wolkenschiffe
sie segelten fort
auf traurigem grund
war nirgends ein stern
nur nasse erde
mit bäumen
die keinen schatten
mehr warfen
die einsame orfe
im nahen teich
erhellte nur kurz
sein gemüt

in die weite der landschaft
tönt sich dein bild
die brille im haar
spiegelt den himmel
das leuchten der augen
bis hin zum mund
dein lächeln löse ich
mir in den tag
zum flügelschlag der blauen libelle
wird das wasser von rosen geküsst
binsenweisheiten in
flimmernder luft
schweben federleichte wolken
unsere herzen zu berühren

in alle pracht hast du dich eingesungen
und liegst in federleichten wolken
in pusteblumenschirmchen schwebst du
ein windhauch schickt dich her zu mir
bist eine blüte des weißen jasmin
ein weit geöffnetes strahlen der sonne
bewohnst die schönen alten bäume
in träumen von mir und unserer liebe

deine wimpern sprechen meinen schlaf
langsam in den morgen
im gesicht vereinzelte schlafnetze
ein letzter stern verfängt sich
beim blick aus dem fenster
in knospen rankender clematis
weit über den rosenbogen hinaus
meine hände blättern in wolkenstreifen
formen sich runde wohlfühlzonen
ist ein streichelverwöhntes aufsprießen
blaue augenblicke tauchen
in zögerndes morgenrot

während die nacht ihre kleider verliert
baden gedanken in gesualdos madrigalen
wissen den tod harmoniesüchtiger liebesträume
geschickt zu verbergen in polyphonen klängen
noch unentdeckt notiert sich der neue tag

wir gehen so durch die sonne den wind
die gedanken schlaflos geblieben
wir schreiben briefe in unsere seelen
die sich begegnen am ufer des meeres
suchen die ruhe in der bewegung
wünschen uns dass sie sich niemals verliert
möchten unmögliches möglich machen
pläne voller leichtsinn entwerfen
das weltall sollte willkommen uns heißen
wenn uns die erde ohnmächtig macht
alle tage die niemals gewesen
streichen wir aus unsern kalendern

während in dem schatten der bäume
verlorene gedanken träumen
tauche ich ein
diamanten zu sammeln
in deinen furchen
sind sie verborgen
taste mich vorwärts
den see zu entdecken
der den duft deines leibes trägt
spüre die zeit
wie sie still steht in mir
möchte die alten sprachen vergessen
neue zu erfinden mit dir

ein nahes lächeln

an manchen tagen
nur blaue welt
ohne schattenwurf
ziehen wolken
vögel im zwiegespräch
auf ästen der bäume
das pampasgras liest
notate der sonne
der wind schreibt
sein diarium
verwehte musik
in windmühlenflügeln
darunter wir

zwiegespräch

du und ich
dunkle worte
sprechen
heller
die wildnis
tiefer
erkennen
die lust
nicht
büßen
musst du mir
dafür

weil deine bäume
gesichter tragen
liebe ich dich
wie einen wald
weil deine wolken
mir vieles versprechen
bist du der himmel
meiner gedanken
sind deine augen
tiefer zu sehen
wenn deine lippen
mich küssen

leben

leben heißt
die zeit erfahren
die ist
dich abzubauen
dass du zurückfindest
zu dem was du bist
eine ansammlung
von molekülen
dass die seele
einen ort hat
ehe sie dich verlässt

ich weiß nicht

ob das lied unser lied
das gefallene blatt ein buch
meine metaphern
deine fragen sind
ob der himmel es ist
der den frühling uns bietet
oder umgekehrt
von einem fluss aus das meer
eine insel zu erwarten
zum versinken
zum versenken
der emotionen
die sterne berühren
ich weiß die dauer nicht
vielleicht zu lang
sie zu erleben
ob alle dinge
unendlich wichtig
mir nur scheinen
ich weiß davon
in meinem
herzen
vielleicht
weiß ich es nicht

ich lese den mond
heute nur halb
dass die nacht
mich nicht
blendet
wenn ich dich träume

zärtlicher mann
in deinen augen
spielen märchen
mit blauen lichtern

wenn du kommst
vielleicht
die milchstraße nimmst
von stern zu stern

oder mitten im schwarm
warmer vögel
über steine hinweg
eine feder
findet
den schimmernden see
wie
meine liebe
die quelle

nimm es mir
aus dem mund
es ist mir
viel zu scharf
ich möchte dir viel lieber
süßes reden
beim abschiedskuss
verschieb mich nicht
inbrünstig
lieb ich dich
fast sterb ich dir
in unserm paradies
da züngelst du
ich fasse zu
gleich hinterm kopf
da küss ich dich

wie zwei vögel
sich nicht wissend
flogen wir durchs leben
jeder für sich in seinem himmel
bis wir uns begegneten

haben uns zum wohligsein
ein heimeliges nest gebaut
darin liegen gut versteckt
unter gras und kleinen zweigen
viele bunte träume

wie flamingos in der nacht
stehen wir auf einem bein
suchen unser gleichgewicht
wenn der tag sein blau verloren
sterne sich dem mond verneigen

morgens sehen wir uns an
mit erstaunten blicken
spüren dass wir nah uns sind
weben zärtlichkeiten
für das netz der liebe

sind wie vögel
die sich fanden
miteinander fliegen wir
in das weite firmament
bis dahinter unser himmel

liegt ein zauber

im gegenlicht
der unbekannte
waldbewuchs
unvermutet
grüne scherben
auf dem trampelpfad
im vollmond
liegt die angelschnur
ganz transparent
der himmel kennt
sich aus
mit zauberei
er geht spazieren
in dem tümpel
dessen rand
in butterblumengelb
mich fröhlich stimmt

neben mir
flötest du
jacob van eyck
benennst
das innige gefühl

bin ganz berührt

ich rufe dich leise
mich an dich zu lehnen

wir sehen sterne
deren namen du weißt
meine finger
in deinen nackenhaaren
bringen alles
durcheinander

der abend ist
vorbeigezogen
es ist längst
mitternacht
die luft
duftet nach
kiefernharz
als säßen wir
am lagerfeuer
wie betört

hast du gehört?

es liegt im geknister
der tannennadeln
ein zartes
liebesgeflüster

sternenlieder singst du mir
dass die bäume
schimmern im mond
mistelbälle in ihren kronen
während kometen ihr leuchten verstärken
letzte wolken am horizont
im wasser des flusses zerfließen
legt die luft mir perlentöne
wie eine kette um den hals

bleibt nur
die augen zu reiben
weil dies wundervolle blau
des himmels darin
der unbeschreibliche umriss
der fernen stadt
ehe die sonne in ihrem roten ball
gedankenfesseln anlegt
– lilith ein windgeist –
die vorstellung des nebels
wie er die brücke dort hinten
in seinen schleiern verbergen könnte
mir deutlicher in die augen
das gesicht des liebsten
unsichtbare spuren darin
verstreichen seine finger
die weichheit in seinem blick
nistet sich ein in mein herz
bringt weidenkätzchen dazu
sich aufzuplustern darin
als wäre schon frühling

schneetreiben
in meinen kopf
st. petersburg
die schlittenfahrt
momentaufnahmen
zwischen sternen
melodien sind zurück
weil deine hände
den mond berührten
deine küsse so
zärtlich wie nie

quer durch dich
kuss auf kuss
ich weiß ja nicht
wohin es führt
ob sterne blühen
träume
sich verirren
musik sich
bläulich wellt
auf deiner haut
mein gesicht
vergrab ich in dir
dass alles außen
lautlos bleibt
nur innen du
bist wirklichkeit

den schwarzen stein legst du
zwischen die blumen
wie seide
flimmert der himmel
sein blau
in höherwolken
singt der wind
unsere lieder
heller und weicher
beginnt das crescendo
deiner küsse
streicheln mir hände
wellen der lust
wildestes meer
unendlich tief
sind deine augen

inhaltsverzeichnis

3
ich liebe dich

Herstellung und Verlag:
BoD – Books on Demand, Norderstedt
ISBN: 978-3-7322-8348-4